AF175166

Impressum
Verlag: BABADADA GmbH, Nedderfeld 112 , 22529 Hamburg
Geschäftsführer / Verlagsleitung: Harald Hof
Druck: Books on Demand GmbH, In de Tarpen 42, 22848 Norderstedt

Imprint
Publisher: BABADADA GmbH, Nedderfeld 112 , 22529 Hamburg, Germany
Managing Director / Publishing direction: Harald Hof
Print: Books on Demand GmbH, In de Tarpen 42, 22848 Norderstedt

el colegio
Schule

el aula
Klassenzimmer

dividir
dividieren

186/2

el pizarrón
Tafel

el patio de la escuela
Schulhof

el maestro
Lehrer

el papel
Papier

escribir
schreiben

la birome
Stift

el escritorio
Schreibtisch

la regla
Lineal

el libro
Buch

el alumno
Schüler

la mochila

Ranzen

la caja de lápices

Federmappe

el lápiz

Bleistift

el sacapuntas

Bleistiftanspitzer

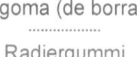

la goma (de borrar)

Radiergummi

el bloc de dibujo

Zeichenblock

el dibujo

Zeichnung

el pincel

Pinsel

la caja de pinturas

Malkasten

la tijera

Schere

el pegamento

Klebstoff

el cuaderno de ejercicios

Übungsheft

la tarea

Hausaufgabe

el número

Zahl

sumar

addieren

restar

subtrahieren

multiplicar

multiplizieren

calcular

rechnen

la letra

Buchstabe

el abecedario

Alphabet

la palabra

Wort

el texto

Text

leer

lesen

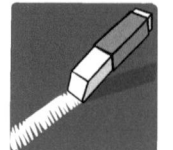

la tiza

Kreide

la lección

Stunde

el cuaderno de clase

Klassenbuch

el examen

Prüfung

el certificado

Zeugnis

el uniforme escolar

Schuluniform

la educación

Ausbildung

la enciclopedia

Lexikon

la universidad

Universität

el microscopio

Mikroskop

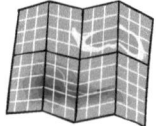

el mapa

Karte

el tacho (de basura)

Papierkorb

el viaje
Reise

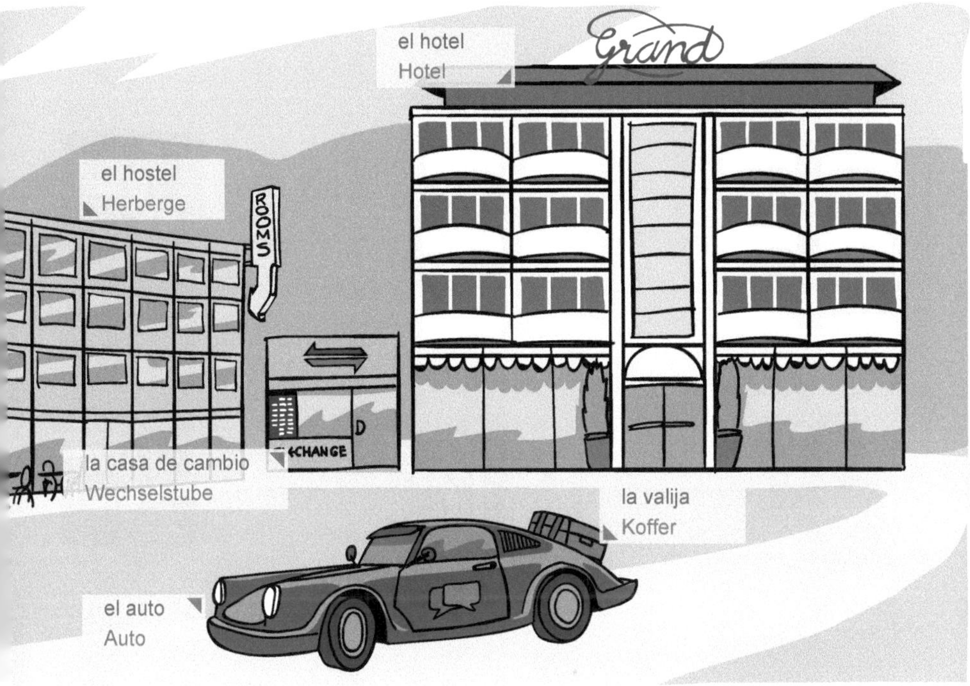
el hotel
Hotel
Grand
el hostel
Herberge
ROOMS
CHANGE
la casa de cambio
Wechselstube
la valija
Koffer
el auto
Auto

el idioma

Sprache

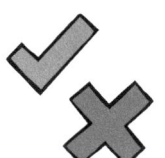

sí / no

ja / nein

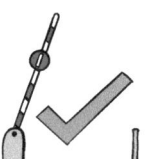

Está bien

Okay

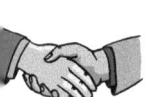

hola

Hallo

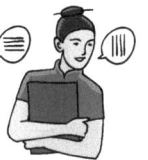

el traductor

Übersetzer

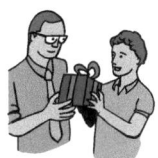

Gracias

Danke

¿cuánto cuesta…?

Was kostet…?

No entiendo

Ich verstehe nicht

el problema

Problem

¡Buenas tardes!

Guten Abend!

¡Buenos días!

Guten Morgen!

¡Buenas noches!

Gute Nacht!

el adiós

Auf Wiedersehen

la dirección

Richtung

el equipaje

Gepäck

el bolso

Tasche

la mochila

Rucksack

el invitado

Gast

la habitación

Zimmer

la bolsa de dormir

Schlafsack

la carpa

Zelt

información turística
Touristeninformation

la playa
Strand

la tarjeta de crédito
Kreditkarte

el desayuno
Frühstück

el almuerzo
Mittagessen

la cena
Abendessen

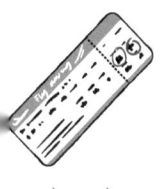

el pasaje
Fahrkarte

el ascensor
Fahrstuhl

el sello
Briefmarke

la frontera
Grenze

la aduana
Zoll

la embajada
Botschaft

la visa
Visum

el pasaporte
Pass

el transporte
Transport

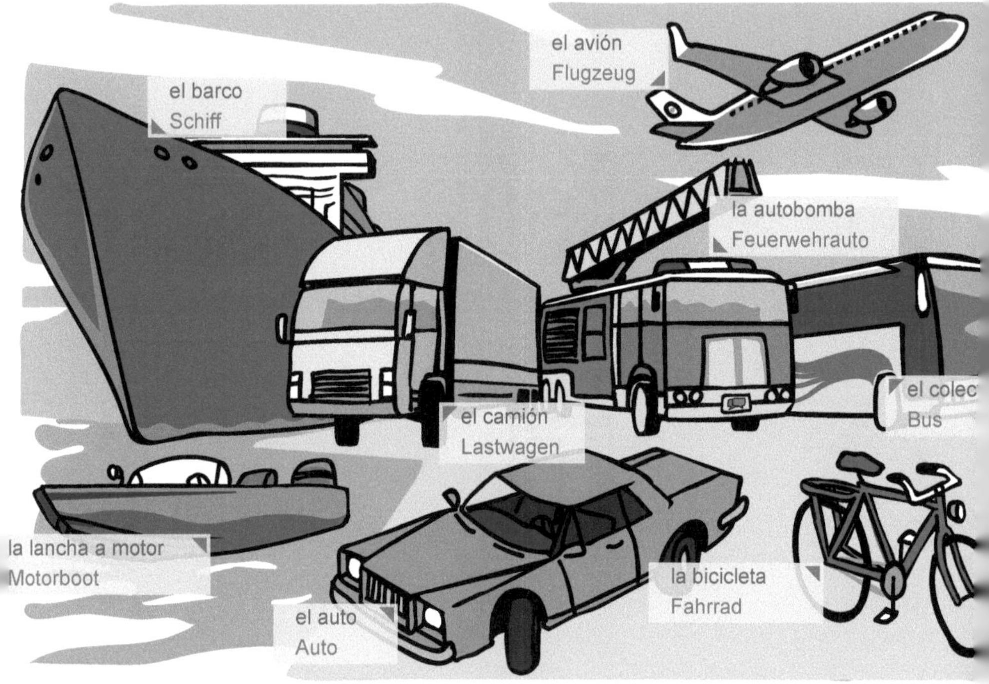
el avión
Flugzeug
el barco
Schiff
la autobomba
Feuerwehrauto
el colec
Bus
el camión
Lastwagen
la lancha a motor
Motorboot
la bicicleta
Fahrrad
el auto
Auto

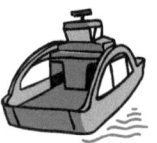

el ferry

Fähre

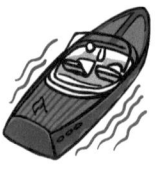

el bote

Boot

la moto

Motorrad

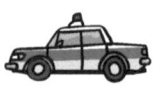

el patrullero

Polizeiauto

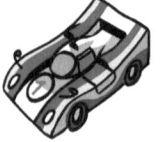

el auto de carreras

Rennauto

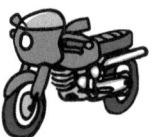

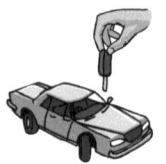

el auto de alquiler

Mietwagen

el alquiler de autos

Carsharing

la grúa

Abschleppwagen

el camión de la basura

Müllauto

el motor

Motor

la nafta

Kraftstoff

la estación de servicio

Tankstelle

señal de tránsito

Verkehrsschild

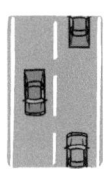

el tránsito

Verkehr

el embotellamiento

Stau

estacionamiento

Parkplatz

la estación de tren

Bahnhof

las vías

Schienen

el tren

Zug

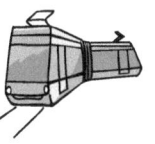

el tranvía

Straßenbahn

el vagón

Wagon

el helicóptero

Helikopter

el aeropuerto

Flughafen

la torre

Tower

el pasajero

Passagier

el contenedor

Container

la caja de cartón

Karton

la carretilla

Karren

la canasta

Korb

despegar / aterrizar

starten / landen

la ciudad
Stadt

el pueblo

Dorf

el centro de la ciudad

Stadtzentrum

la casa

Haus

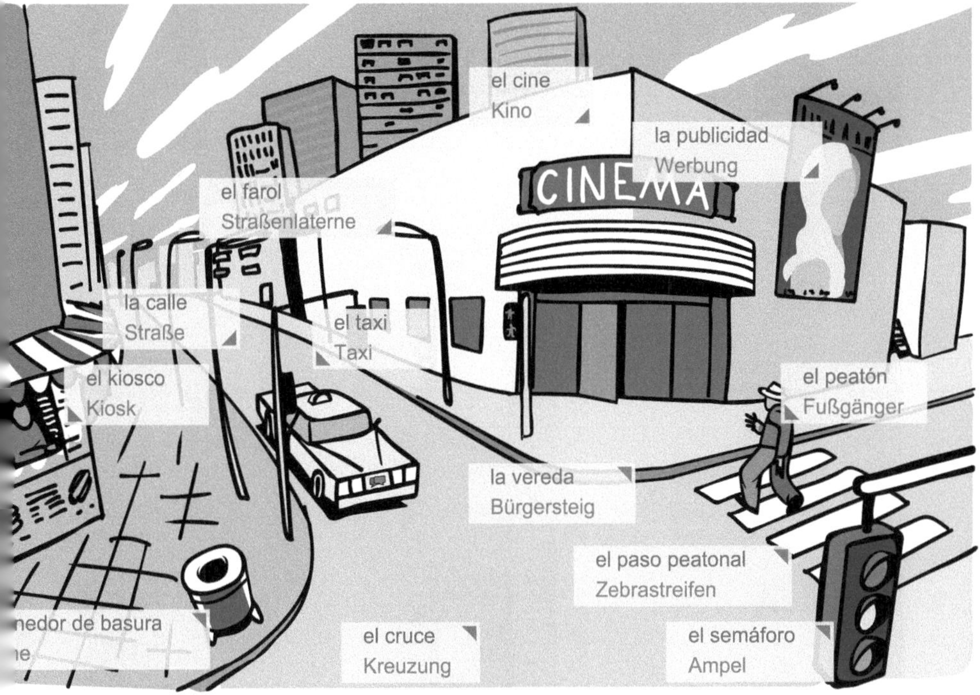

el cine
Kino

la publicidad
Werbung

el farol
Straßenlaterne

la calle
Straße

el taxi
Taxi

el kiosco
Kiosk

el peatón
Fußgänger

la vereda
Bürgersteig

el paso peatonal
Zebrastreifen

nedor de basura
ne

el cruce
Kreuzung

el semáforo
Ampel

la cabaña
Hütte

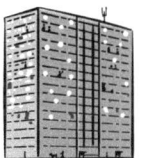

el departamento
Wohnung

la estación de tren
Bahnhof

a municipalidad
Rathaus

el museo
Museum

el colegio
Schule

la universidad

Universität

el banco

Bank

el hospital

Krankenhaus

el hotel

Hotel

la farmacia

Apotheke

la oficina

Büro

la librería

Buchhandlung

el negocio

Geschäft

la florería

Blumenladen

el supermercado

Supermarkt

el mercado

Markt

las grandes tiendas

Kaufhaus

la pescadería

Fischhändler

el centro comercial

Einkaufszentrum

el puerto

Hafen

el parque
Park

el banco
Bank

el puente
Brücke

las escaleras
Treppe

el subte
U-Bahn

el túnel
Tunnel

arada del colectivo
Bushaltestelle

el bar
Bar

el restaurante
Restaurant

el buzón
Briefkasten

el letrero
Straßenschild

el parquímetro
Parkuhr

el zoológico
Zoo

la pileta
Badeanstalt

la mezquita
Moschee

la granja

Bauernhof

la contaminación

Umweltverschmutzung

el cementerio

Friedhof

la iglesia

Kirche

los juegos infantiles

Spielplatz

el templo

Tempel

el paisaje
Landschaft

la hoja
Blatt

el poste indicador
Wegweiser

el camino
Weg

la pradera
Wiese

la piedra
Stein

el árbol
Baum

el excursionista
Wanderer

el río
Fluss

la hierba
Gras

la flor
Blume

el valle

Tal

la montaña

Berg

el lago

See

el bosque

Wald

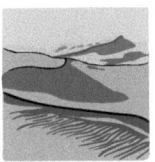

el desierto

Wüste

el volcán

Vulkan

el castillo

Schloss

el arco iris

Regenbogen

el champiñón

Pilz

la palmera

Palme

el mosquito

Moskito

la mosca

Fliege

la hormiga

Ameise

la abeja

Biene

la araña

Spinne

el escarabajo

Käfer

la rana

Frosch

la ardilla

Eichhörnchen

el erizo

Igel

la liebre

Hase

la lechuza

Eule

el pájaro

Vogel

el cisne

Schwan

el jabalí

Wildschwein

el ciervo

Hirsch

el alce

Elch

la presa

Staudamm

el aerogenerador

Windrad

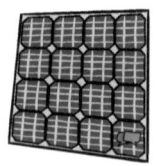

el panel solar

Solarmodul

el clima

Klima

el restaurante
Restaurant

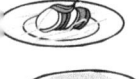

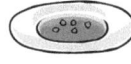

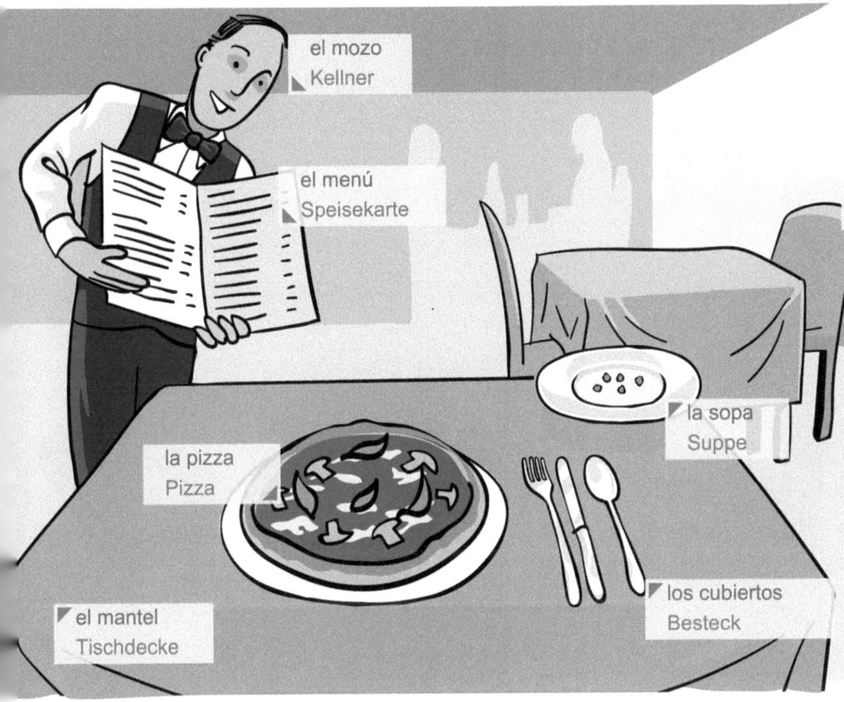
el mozo
Kellner
el menú
Speisekarte
la silla
Stuhl
la sopa
Suppe
la pizza
Pizza
los cubiertos
Besteck
el mantel
Tischdecke

la entrada

Vorspeise

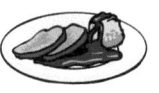

el plato principal

Hauptgericht

el postre

Nachspeise

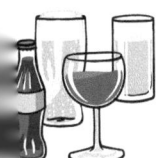

las bebidas

Getränke

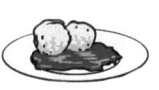

la comida

Essen

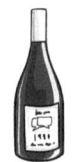

la botella

Flasche

la comida rápida

Fastfood

la comida callejera

Streetfood

la tetera

Teekanne

la azucarera

Zuckerdose

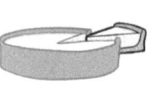

la porción

Portion

la cafetera expreso

Espressomaschine

la sillita alta

Hochstuhl

la cuenta

Rechnung

la bandeja

Tablett

el cuchillo

Messer

el tenedor

Gabel

la cuchara

Löffel

la cucharita

Teelöffel

la servilleta

Serviette

el vaso

Glas

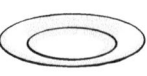

el plato

Teller

el plato hondo

Suppenteller

el plato

Untertasse

la salsa

Sauce

el salero

Salzstreuer

el molinillo de pimienta

Pfeffermühle

el vinagre

Essig

el aceite

Öl

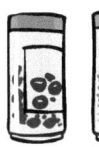

las especias

Gewürze

el kétchup

Ketchup

la mostaza

Senf

la mayonesa

Mayonnaise

![Supermarkt-Szene mit Beschriftungen: la oferta especial / Angebot, el cliente / Kunde, los lácteos / Milchprodukte, la fruta / Obst, el changuito / Einkaufswagen]

la carnicería

Schlachterei

la panadería

Bäckerei

pesar

wiegen

las verduras

Gemüse

la carne

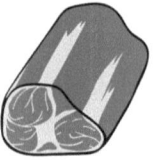

Fleisch

los alimentos congelados

Tiefkühlkost

los fiambres

Aufschnitt

los alimentos enlatados

Konserven

el detergente en polvo

Waschmittel

las golosinas

Süßigkeiten

los electrodomésticos

Haushaltsartikel

los productos de limpieza

Reinigungsmittel

la vendedora

Verkäuferin

la caja

Kasse

el cajero

Kassierer

lista de compras

Einkaufsliste

el horario de atención

Öffnungszeiten

la billetera

Brieftasche

tarjeta de crédito

Kreditkarte

la cartera

Tasche

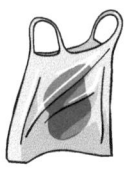

la bolsa de plástico

Plastiktüte

el agua

Wasser

el jugo

Saft

la leche

Milch

la bebida cola

Cola

el vino

Wein

la cerveza

Bier

el alcohol

Alkohol

el cacao

Kakao

el té

Tee

el café

Kaffee

el café expreso

Espresso

el cappuccino

Cappuccino

la banana

Banane

la manzana

Apfel

la naranja

Orange

el melón

Melone

el limón

Zitrone

la zanahoria

Karotte

el ajo

Knoblauch

el bambú

Bambus

la cebolla

Zwiebel

el champiñón

Pilz

las nueces

Nüsse

los fideos

Nudeln

los tallarines
Spaghetti

el arroz
Reis

la ensalada
Salat

las papas fritas
Pommes frites

las papas fritas
Bratkartoffeln

la pizza
Pizza

la hamburguesa
Hamburger

el sándwich
Sandwich

el churrasco
Schnitzel

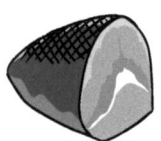

el jamón
Schinken

el salame
Salami

la salchicha
Wurst

el pollo
Huhn

el asado
Braten

el pescado
Fisch

s copos de avena

Haferflocken

el muesli

Müsli

los copos de maíz

Cornflakes

la harina

Mehl

la medialuna

Croissant

el pancito

Brötchen

el pan

Brot

la tostada

Toast

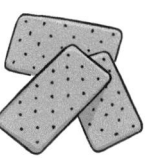

las galletitas

Kekse

la manteca

Butter

la cuajada

Quark

la torta

Kuchen

el huevo

Ei

el huevo frito

Spiegelei

el queso

Käse

el helado

Eiscreme

el azúcar

Zucker

la miel

Honig

la mermelada

Marmelade

la pasta de chocolate

Nougat-Creme

el curry

Curry

la granja
Bauernhof

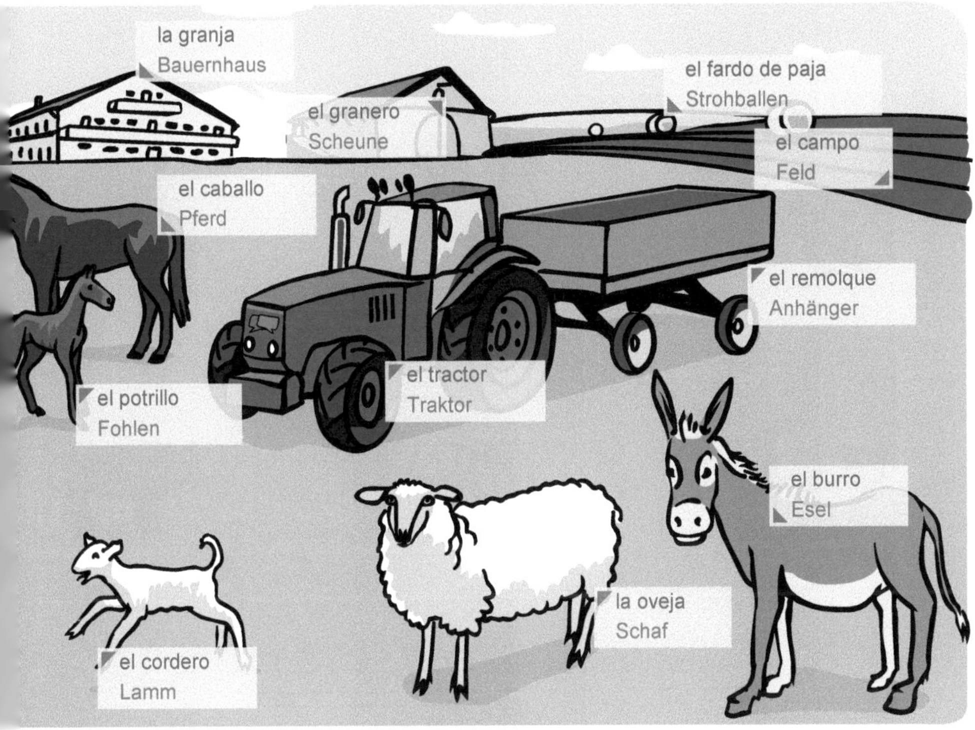
la granja
Bauernhaus
el granero
Scheune
el fardo de paja
Strohballen
el campo
Feld
el caballo
Pferd
el remolque
Anhänger
el tractor
Traktor
el potrillo
Fohlen
el burro
Esel
la oveja
Schaf
el cordero
Lamm

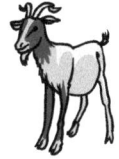

la cabra

Ziege

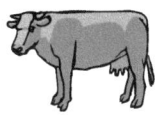

la vaca

Kuh

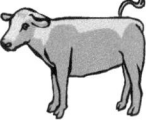

el ternero

Kalb

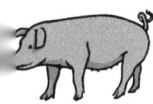

el cerdo

Schwein

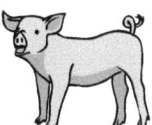

el lechón

Ferkel

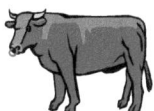

el toro

Bulle

el ganso

Gans

el pato

Ente

el pollo

Küken

la gallina

Huhn

el gallo

Hahn

la rata

Ratte

el gato

Katze

el ratón

Maus

el buey

Ochse

el perro

Hund

la cucha

Hundehütte

la manguera

Gartenschlauch

la regadera

Gießkanne

la guadaña

Sense

el arado

Pflug

la hoz
Sichel

la azada
Hacke

la horquilla
Mistgabel

el hacha
Axt

la carretilla
Schubkarre

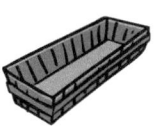

el abrevadero
Trog

la lechera
Milchkanne

la bolsa
Sack

la reja
Zaun

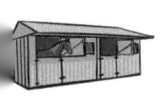

el establo
Stall

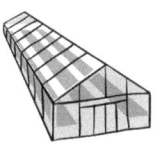

el invernadero
Treibhaus

el suelo
Boden

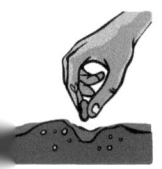

la semilla
Saat

el fertilizador
Dünger

la cosechadora
Mähdrescher

cosechar

ernten

la cosecha

Ernte

las batatas

Yamswurzel

el trigo

Weizen

la soja

Soja

la papa

Kartoffel

el maíz

Mais

la semilla de colza

Raps

el árbol frutal

Obstbaum

la mandioca

Maniok

los cereales

Getreide

la casa
Haus

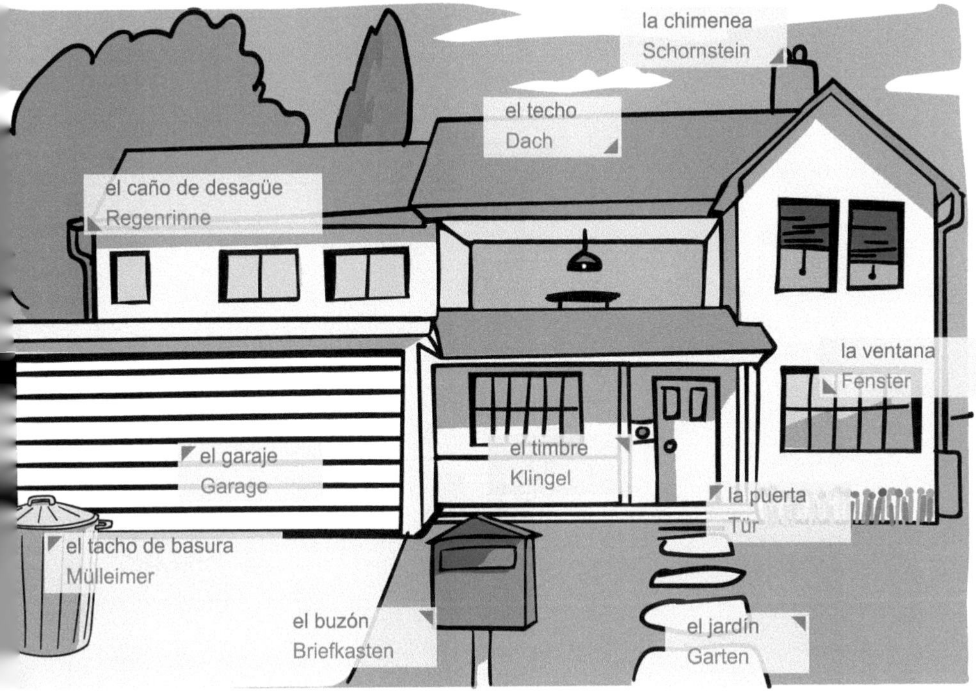
la chimenea
Schornstein
el techo
Dach
el caño de desagüe
Regenrinne
la ventana
Fenster
el garaje
Garage
el timbre
Klingel
la puerta
Tür
el tacho de basura
Mülleimer
el buzón
Briefkasten
el jardín
Garten

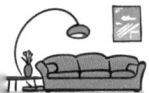

el living
Wohnzimmer

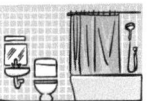

el baño
Badezimmer

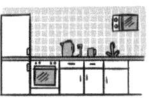

la cocina
Küche

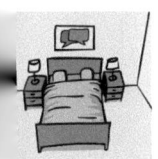

el dormitorio
Schlafzimmer

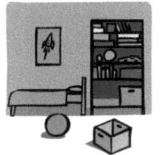

el cuarto de los chicos
Kinderzimmer

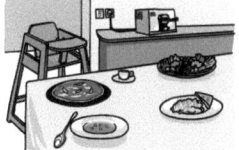

el comedor
Esszimmer

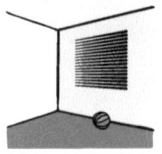

el piso

Boden

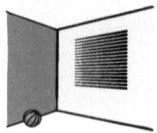

la pared

Wand

el cielorraso

Decke

el sótano

Keller

el sauna

Sauna

el balcón

Balkon

la terraza

Terrasse

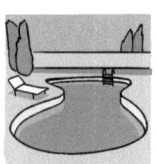

la pileta

Schwimmbad

la cortadora de pasto

Rasenmäher

la sábana

Bettbezug

el acolchado

Bettdecke

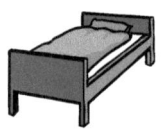

la cama

Bett

la escoba

Besen

el balde

Eimer

el interruptor

Schalter

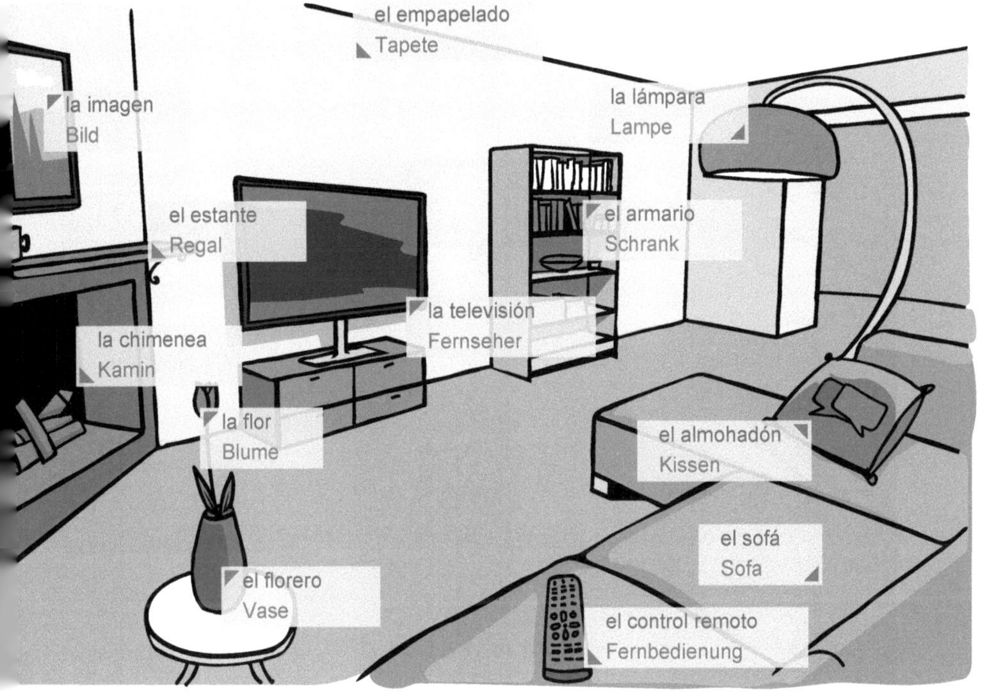

el empapelado
Tapete

la imagen
Bild

la lámpara
Lampe

el estante
Regal

el armario
Schrank

la chimenea
Kamin

la televisión
Fernseher

la flor
Blume

el almohadón
Kissen

el sofá
Sofa

el florero
Vase

el control remoto
Fernbedienung

la alfombra
Teppich

la cortina
Vorhang

la mesa
Tisch

la silla
Stuhl

la mecedora
Schaukelstuhl

el sillón
Sessel

el libro

Buch

la frazada

Decke

la decoración

Dekoration

la leña

Feuerholz

la película

Film

el equipo de música

Stereoanlage

la llave

Schlüssel

el diario

Zeitung

la pintura

Gemälde

el póster

Poster

la radio

Radio

el cuaderno

Notizblock

la aspiradora

Staubsauger

el cactus

Kaktus

la vela

Kerze

la cocina
Küche

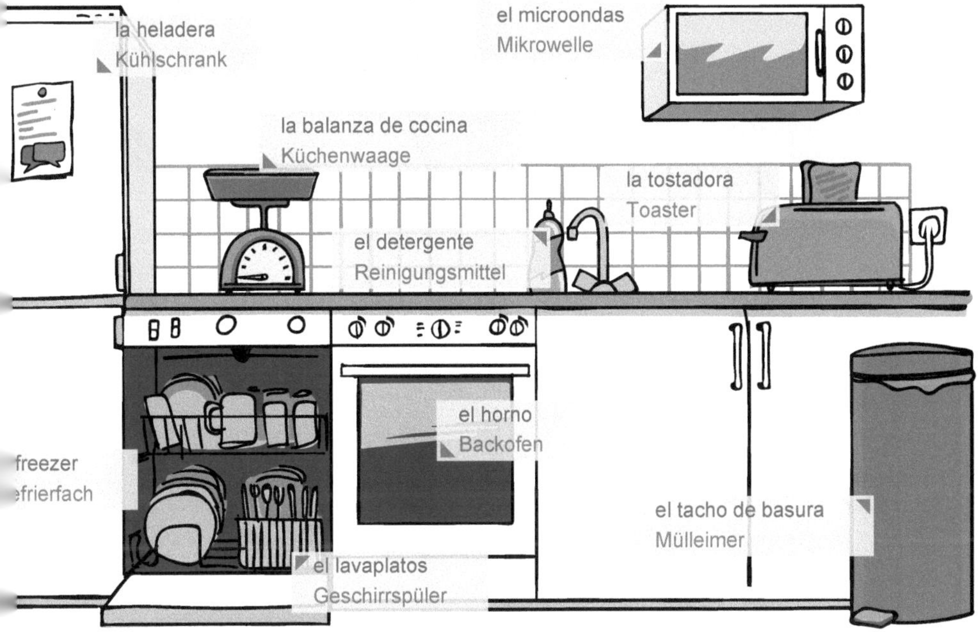

la heladera
Kühlschrank
el microondas
Mikrowelle
la balanza de cocina
Küchenwaage
la tostadora
Toaster
el detergente
Reinigungsmittel
el horno
Backofen
freezer
frierfach
el tacho de basura
Mülleimer
el lavaplatos
Geschirrspüler

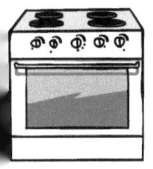

la cocina
Herd

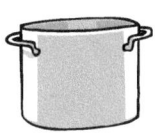

la olla
Topf

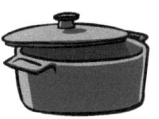

la olla de hierro fundido
Eisentopf

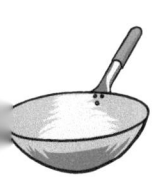

el wok
Wok / Kadai

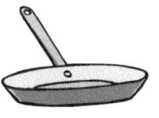

la sartén
Pfanne

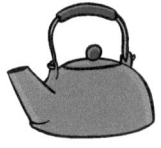

la pava
Wasserkocher

la vaporera

Dampfgarer

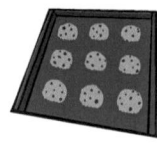

la bandeja de horno

Backblech

la vajilla

Geschirr

la taza

Becher

el bol

Schale

los palitos

Essstäbchen

el cucharón

Suppenkelle

la espátula

Pfannenwender

la batidora

Schneebesen

el colador

Kochsieb

el colador

Sieb

el rallador

Reibe

el mortero

Mörser

la parrilla

Grill

la fogata

Feuerstelle

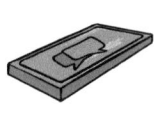

la tabla de picar

Schneidebrett

el palo de amasar

Nudelholz

el sacacorchos

Korkenzieher

la lata

Dose

el abrelatas

Dosenöffner

la manopla

Topflappen

la pileta

Waschbecken

el cepillo

Bürste

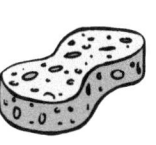

la esponja

Schwamm

la batidora

Mixer

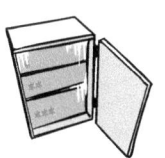

el congelador

Gefriertruhe

la mamadera

Babyflasche

la canilla

Wasserhahn

la cocina - Küche

el baño

Badezimmer

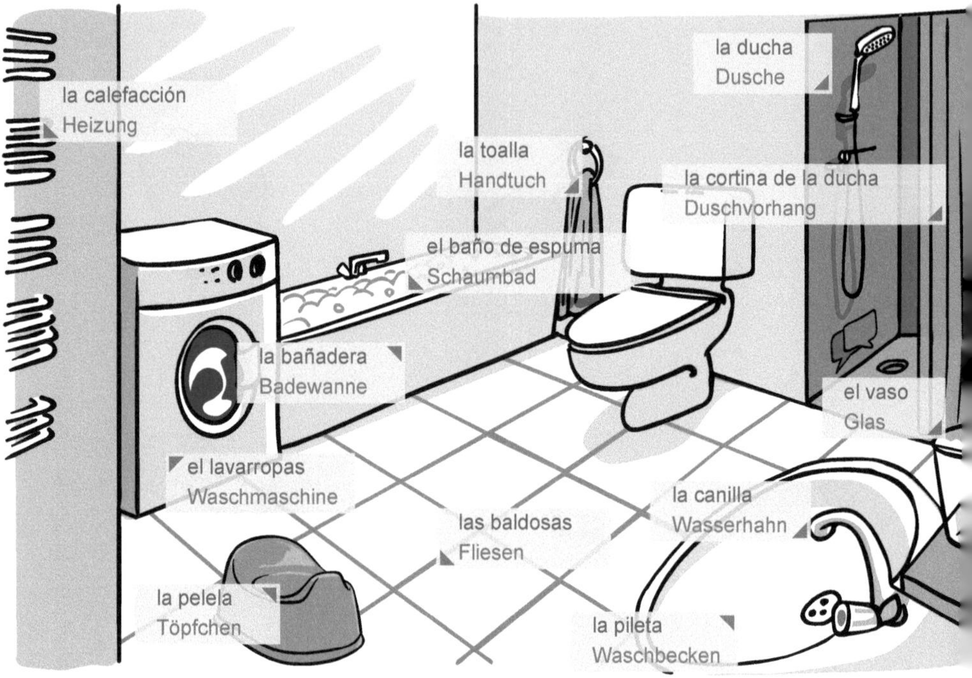
la ducha
Dusche
la calefacción
Heizung
la toalla
Handtuch
la cortina de la ducha
Duschvorhang
el baño de espuma
Schaumbad
la bañadera
Badewanne
el vaso
Glas
el lavarropas
Waschmaschine
la canilla
Wasserhahn
las baldosas
Fliesen
la pelela
Töpfchen
la pileta
Waschbecken

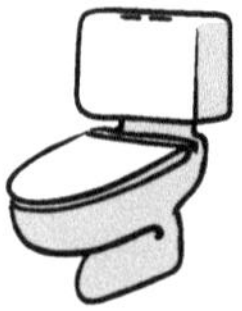

el inodoro

Toilette

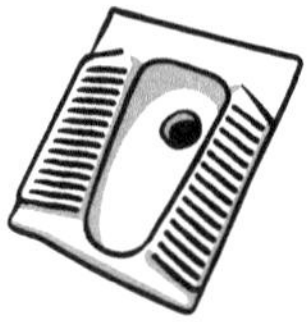

la letrina

Hocktoilette

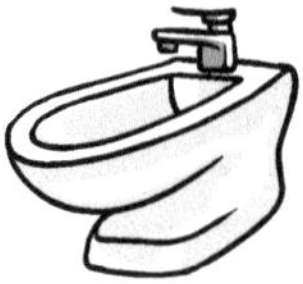

el bidé

Bidet

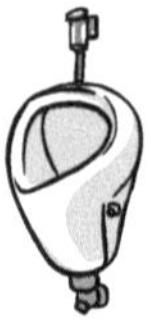

el mingitorio

Pissoir

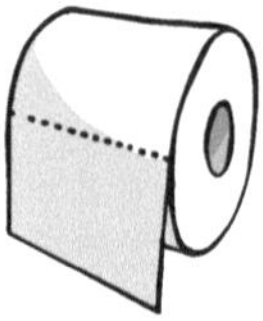

el papel higiénico

Toilettenpapier

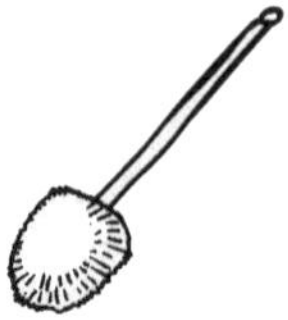

el cepillo para el inodoro

Toilettenbürste

cepillo de dientes

Zahnbürste

el dentífrico

Zahnpasta

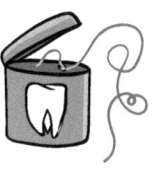

el hilo dental

Zahnseide

lavar

waschen

la ducha de mano

Handbrause

la ducha higiénica

Intimdusche

la palangana

Waschschüssel

el cepillo para la espalda

Rückenbürste

el jabón

Seife

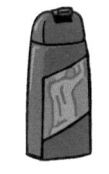

el gel de ducha

Duschgel

el shampoo

Shampoo

la toallita

Waschlappen

el desagüe

Abfluss

la crema

Creme

el desodorante

Deodorant

el espejo

Spiegel

el espejito

Kosmetikspiegel

la maquinita de afeitar

Rasierer

la espuma de afeitar

Rasierschaum

el aftershave

Rasierwasser

el peine

Kamm

el cepillo

Bürste

el secador de pelo

Föhn

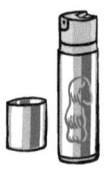

el spray

Haarspray

el maquillaje

Makeup

el lápiz de labios

Lippenstift

el esmalte para uñas

Nagellack

el algodón

Watte

la tijera para uñas

Nagelschere

el perfume

Parfum

l portacosméticos

Kulturbeutel

la banqueta

Hocker

la balanza

Waage

la bata

Bademantel

los guantes de goma

Gummihandschuhe

el tampón

Tampon

toallita femenina

Damenbinde

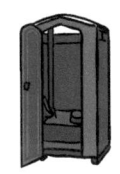

el baño químico

Chemietoilette

el cuarto de los chicos

Kinderzimmer

el despertador
Wecker
el peluche
Kuscheltier
el coche de juguete
Spielzeugauto
el sonajero
Rassel
la casa de muñecas
Puppenhaus
el regalo
Geschenk

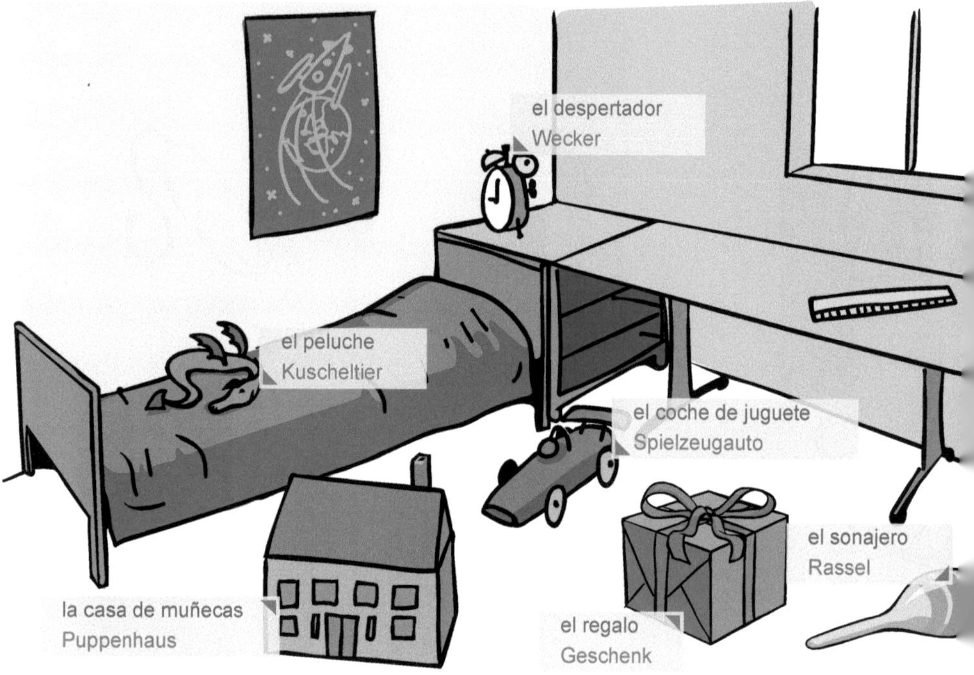

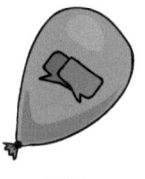

el globo

Ballon

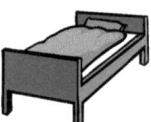

la cama

Bett

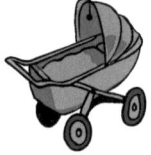

el cochecito

Kinderwagen

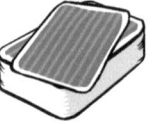

las cartas

Kartenspiel

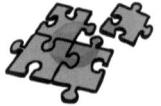

el rompecabezas

Puzzle

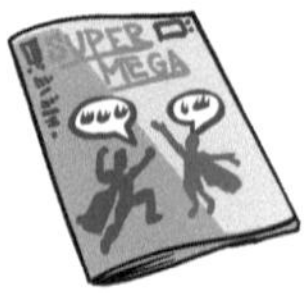

la historieta

Comic

as piezas de lego

Legosteine

los ladrillos de juguete

Bausteine

la figura de acción

Action Figur

enterito (de bebé)

Strampelanzug

el frisbee

Frisbee

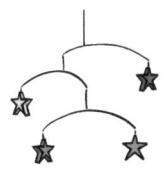

el móvil para bebés

Mobile

l juego de mesa

Brettspiel

los dados

Würfel

el tren eléctrico

Modelleisenbahn

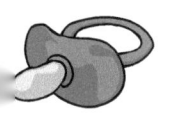

el chupete

Schnuller

la fiesta

Party

el libro de cuentos ilustrado

Bilderbuch

la pelota

Ball

la muñeca

Puppe

jugar

spielen

el arenero

Sandkasten

la hamaca

Schaukel

los juguetes

Spielzeug

la consola de videojuegos

Spielkonsole

el triciclo

Dreirad

el osito de peluche

Teddy

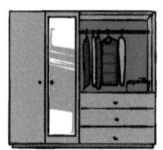

el armario

Kleiderschrank

la ropa
Kleidung

las medias

Socken

las medias panty

Strümpfe

las calzas

Strumpfhose

la bufanda
Schal

cinturón
ürtel

el paraguas
Regenschirm

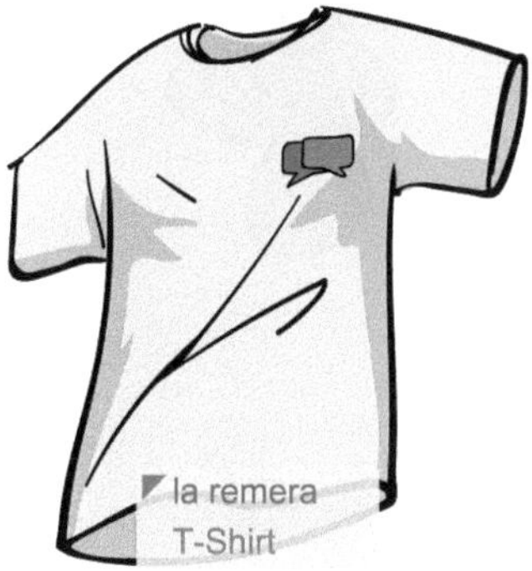

la remera
T-Shirt

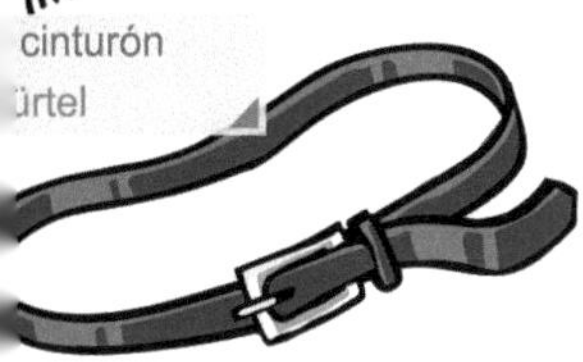

las botas
Stiefel

las pantuflas
Hausschuhe

las zapatillas
Turnschuhe

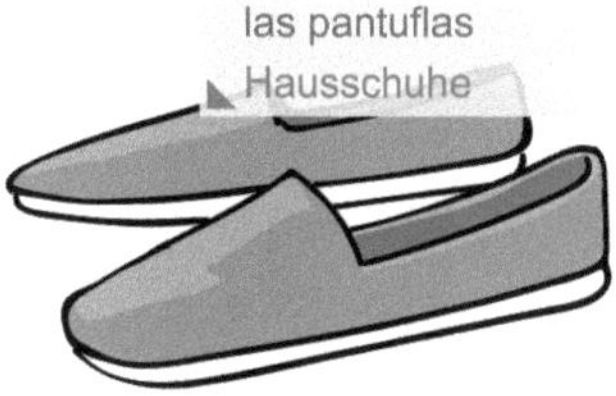

las sandalias
....
Sandalen

los zapatos
....
Schuhe

las botas de goma
....
Gummistiefel

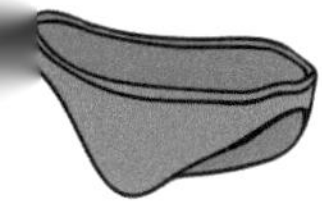

la ropa interior
....
Unterhose

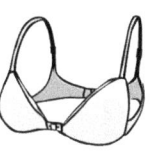

el corpiño
....
Büstenhalter

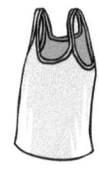

el chaleco
....
Unterhemd

el body

Body

los pantalones

Hose

los jeans

Jeans

la pollera

Rock

la blusa

Bluse

la camisa

Hemd

el pulóver

Pullover

el buzo

Kapuzenpullover

el blazer

Blazer

la campera

Jacke

el tapado

Mantel

el piloto

Regenmantel

el traje

Kostüm

el vestido

Kleid

el vestido de novia

Hochzeitskleid

el traje

Anzug

el camisón

Nachthemd

el pijama

Schlafanzug

el sari

Sari

el pañuelo para la cabeza

Kopftuch

el turbante

Turban

la burka

Burka

el caftán

Kaftan

la abaya

Abaya

el traje de baño

Badeanzug

el short de baño

Badehose

los shorts

Kurze Hose

el jogging

Trainingsanzug

el delantal

Schürze

los guantes

Handschuhe

el botón

Knopf

los anteojos

Brille

la pulsera

Armband

el collar

Halskette

el anillo

Ring

el aro

Ohrring

la gorra

Mütze

la percha

Kleiderbügel

el sombrero

Hut

la corbata

Krawatte

el cierre

Reißverschluss

el casco

Helm

los tiradores

Hosenträger

el uniforme escolar

Schuluniform

el uniforme

Uniform

el babero

Lätzchen

el chupete

Schnuller

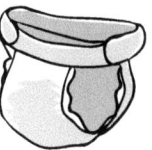

el pañal

Windel

el servidor
Server

el archivero
Aktenschrank

la impresora
Drucker

el monitor
Monitor

papel
pier

el escritorio
Schreibtisch

el mouse
Maus

la carpeta
Ordner

el teclado
Tastatur

el tacho (de basura)
Papierkorb

la computadora
Computer

la silla
Stuhl

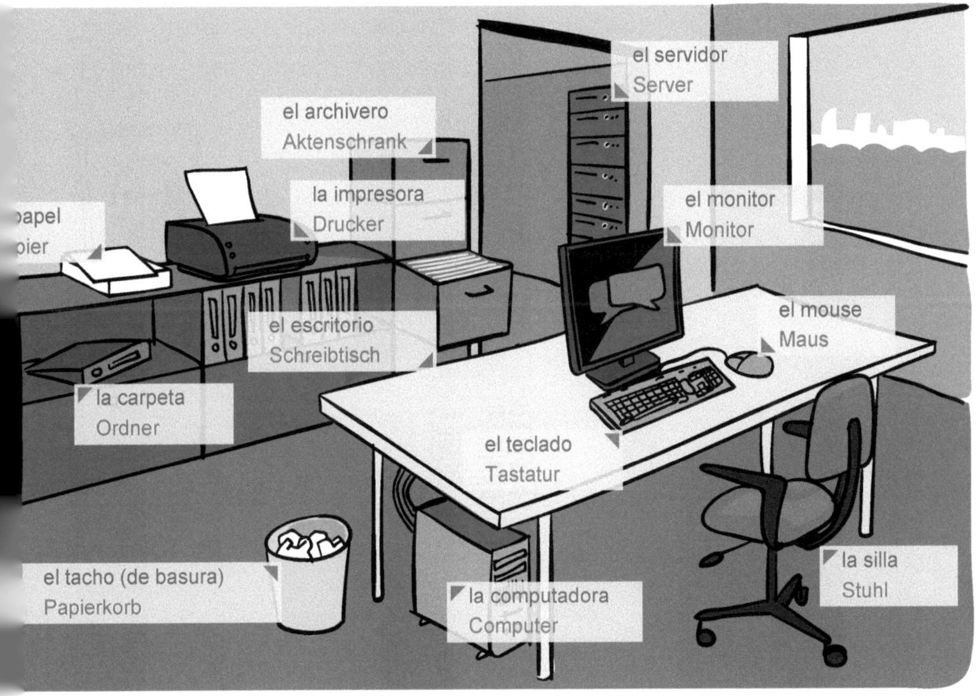

a taza de café

Kaffeebecher

la calculadora

Taschenrechner

el internet

Internet

la laptop

Laptop

la carta

Brief

el mensaje

Nachricht

el celular

Handy

la red

Netzwerk

la fotocopiadora

Kopierer

el software

Software

el teléfono

Telefon

el tomacorriente

Steckdose

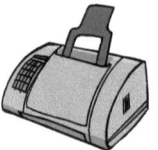

el fax

Fax

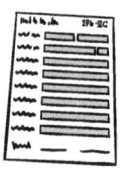

el formulario

Formular

el documento

Dokument

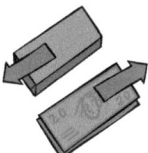

comprar

kaufen

pagar

bezahlen

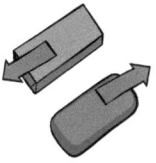

hacer negocios

handeln

el dinero

Geld

el dólar

Dollar

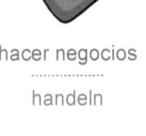

el euro

Euro

el yen

Yen

el rublo

Rubel

el franco suizo

Franken

el yuan

Renminbi Yuan

la rupia

Rupie

el cajero automático

Geldautomat

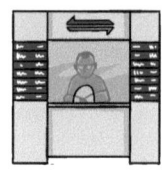

la casa de cambio

Wechselstube

el oro

Gold

la plata

Silber

el petróleo

Öl

la energía

Energie

el precio

Preis

el contrato

Vertrag

el impuesto

Steuer

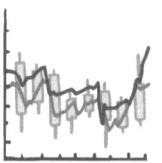

la acción

Aktie

trabajar

arbeiten

el empleado

Angestellter

el empleador

Arbeitgeber

la fábrica

Fabrik

el negocio

Geschäft

las ocupaciones
Berufe

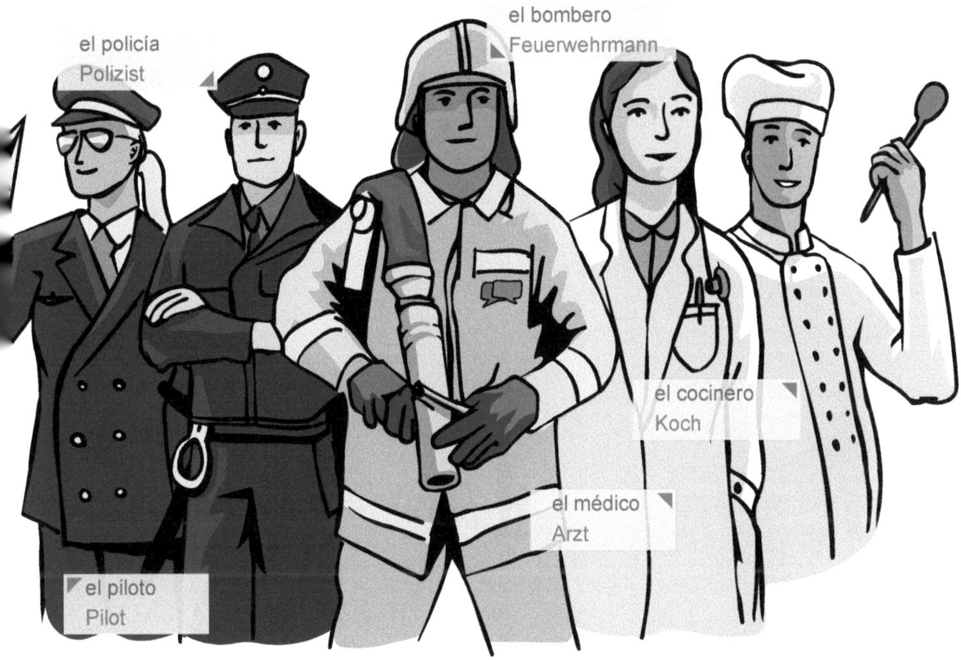
el policía
Polizist
el bombero
Feuerwehrmann
el cocinero
Koch
el médico
Arzt
el piloto
Pilot

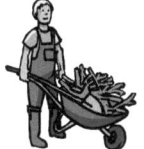

el jardinero
Gärtner

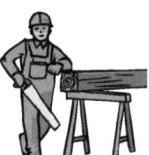

el carpintero
Tischler

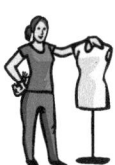

la modista
Näherin

el juez
Richter

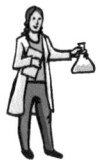

el farmacéutico
Chemiker

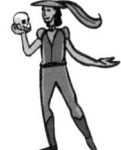

el actor
Schauspieler

el colectivero

Busfahrer

el taxista

Taxifahrer

el pescador

Fischer

la mucama

Putzfrau

el techista

Dachdecker

el mozo

Kellner

el cazador

Jäger

el pintor

Maler

el panadero

Bäcker

el electricista

Elektriker

el albañil

Bauarbeiter

el ingeniero

Ingenieur

el carnicero

Schlachter

el plomero

Klempner

el cartero

Postbote

el soldado

Soldat

el arquitecto

Architekt

el cajero

Kassierer

el florista

Florist

el peluquero

Friseur

el cobrador

Schaffner

el mecánico

Mechaniker

el capitán

Kapitän

el dentista

Zahnarzt

el científico

Wissenschaftler

el rabino

Rabbi

el imán

Imam

el monje

Mönch

el sacerdote

Geistlicher

las ocupaciones - Berufe

las herramientas
Werkzeuge

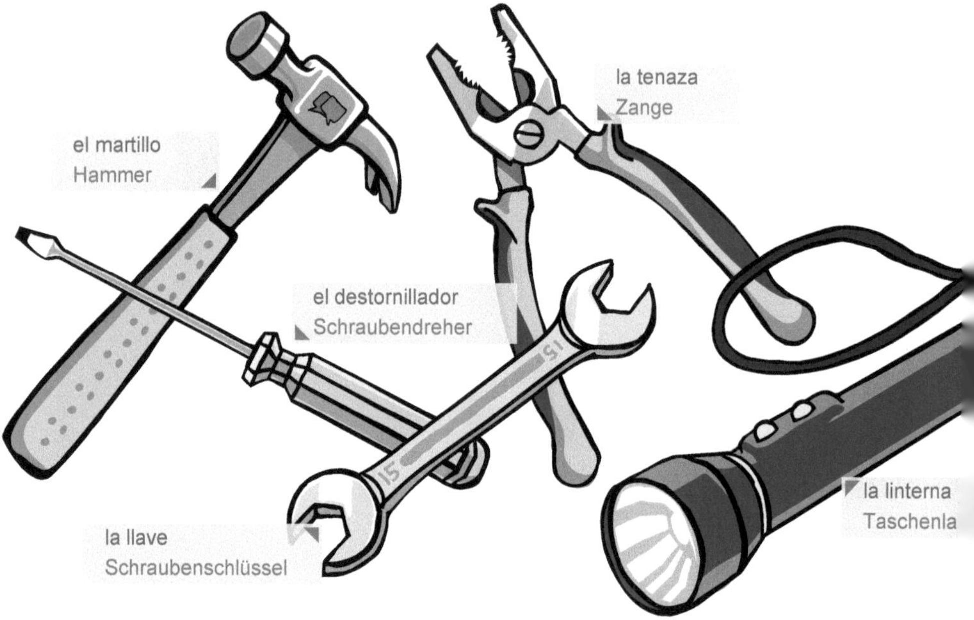
la tenaza
Zange
el martillo
Hammer
el destornillador
Schraubendreher
la linterna
Taschenla
la llave
Schraubenschlüssel

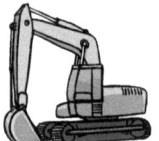

la excavadora

Bagger

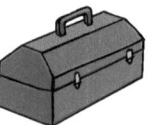

la caja de herramientas

Werkzeugkasten

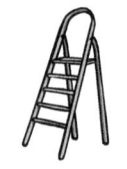

la escalera portátil

Leiter

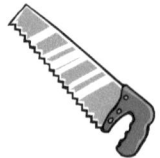

la sierra

Säge

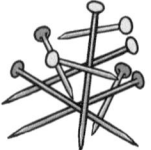

los clavos

Nägel

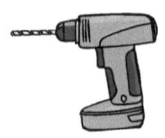

el taladro

Bohrer

arreglar

reparieren

la pala de jardín

Schaufel

¡Qué bronca!

Mist!

a pala de plástico

Kehrblech

el tacho de pintura

Farbtopf

los tornillos

Schrauben

los instrumentos musicales
Musikinstrumente

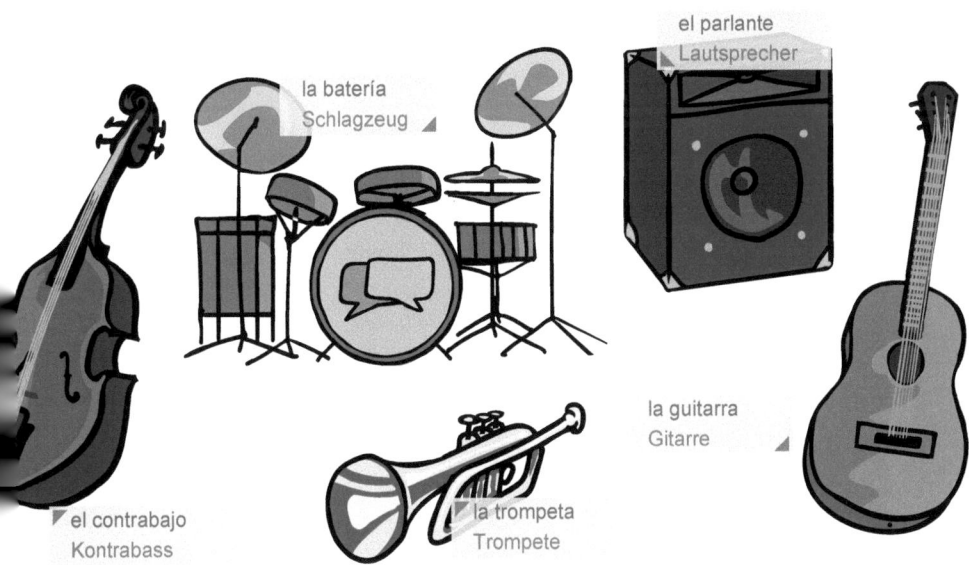

el parlante
Lautsprecher

la batería
Schlagzeug

la guitarra
Gitarre

el contrabajo
Kontrabass

la trompeta
Trompete

el piano

Klavier

el violín

Violine

el bajo

Bass

los timbales

Pauke

el tambor

Trommeln

el teclado

Keyboard

el saxofón

Saxophon

la flauta

Flöte

el micrófono

Mikrofon

el zoológico
Zoo

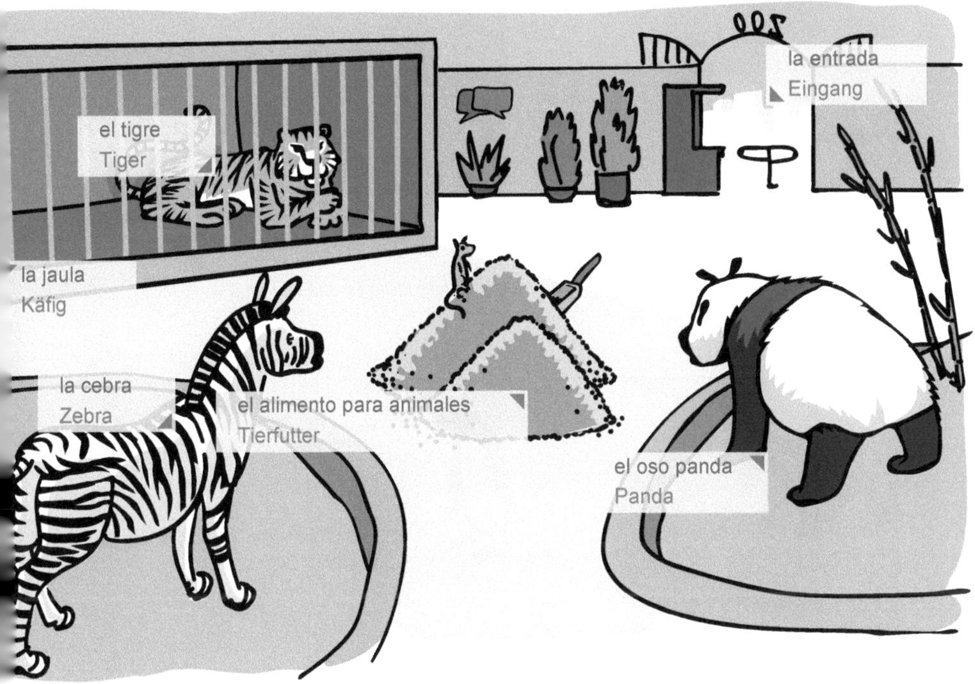

la entrada
Eingang
el tigre
Tiger
la jaula
Käfig
la cebra
Zebra
el alimento para animales
Tierfutter
el oso panda
Panda

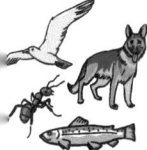

los animales

Tiere

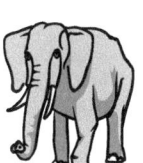

el elefante

Elefant

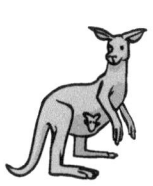

el canguro

Känguru

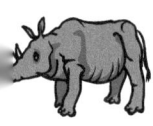

el rinoceronte

Nashorn

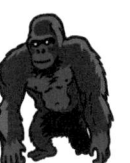

el gorila

Gorilla

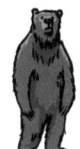

el oso

Bär

el camello

Kamel

el avestruz

Strauß

el león

Löwe

el mono

Affe

el flamenco

Flamingo

el loro

Papagei

el oso polar

Eisbär

el pingüino

Pinguin

el tiburón

Hai

el pavo real

Pfau

la serpiente

Schlange

el cocodrilo

Krokodil

el cuidador del zoológico

Zoowärter

la foca

Robbe

el jaguar

Jaguar

el poni

Pony

el leopardo

Leopard

el hipopótamo

Nilpferd

la jirafa

Giraffe

el águila

Adler

el jabalí

Wildschwein

el pescado

Fisch

la tortuga

Schildkröte

la morsa

Walross

el zorro

Fuchs

la gacela

Gazelle

Sport

el fútbol americano
American Football

el ciclismo
Radfahren

el tenis
Tennis

el básquet
Basketball

la natación
Schwimmen

el boxeo
Boxen

el hockey sobre hie
Eishockey

el fútbol
Fußball

el bádminton
Badminton

el atletismo
Leichtathletik

el handball
Handball

el esquí
Skilaufen

el polo
Polo

reír
lachen

tar
ringen

abrazar
umarmen

caminar
gehen

cantar
singen

rezar
beten

besar
küssen

soñar
träumen

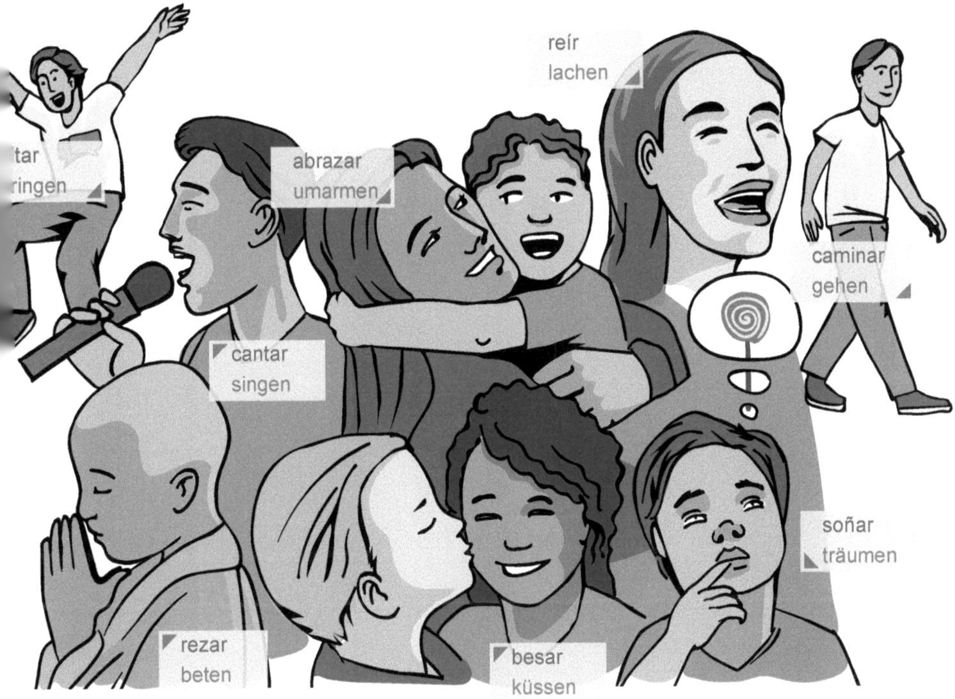

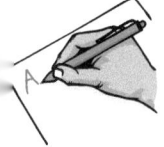

escribir
schreiben

dibujar
zeichnen

mostrar
zeigen

presionar
drücken

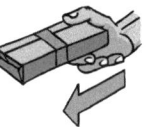

dar
geben

tomar
nehmen

tener

haben

hacer

tun

ser

sein

estar parado

stehen

correr

laufen

tirar

ziehen

tirar

werfen

caer

fallen

estar acostado

liegen

esperar

warten

llevar

tragen

estar sentado

sitzen

vestirse

anziehen

dormir

schlafen

despertar

aufwachen

mirar

ansehen

llorar

weinen

acariciar

streicheln

peinar

kämmen

hablar

reden

entender

verstehen

preguntar

fragen

escuchar

hören

beber

trinken

comer

essen

ordenar

aufräumen

amar

lieben

cocinar

kochen

manejar

fahren

volar

fliegen

las actividades - Aktivitäten

navegar
segeln

calcular
rechnen

leer
lesen

aprender
lernen

trabajar
arbeiten

casarse
heiraten

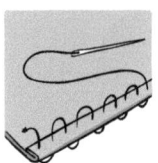

coser
nähen

cepillarse los dientes
Zähne putzen

matar
töten

fumar
rauchen

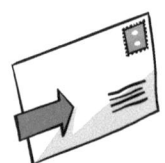

enviar
senden

la familia
Familie

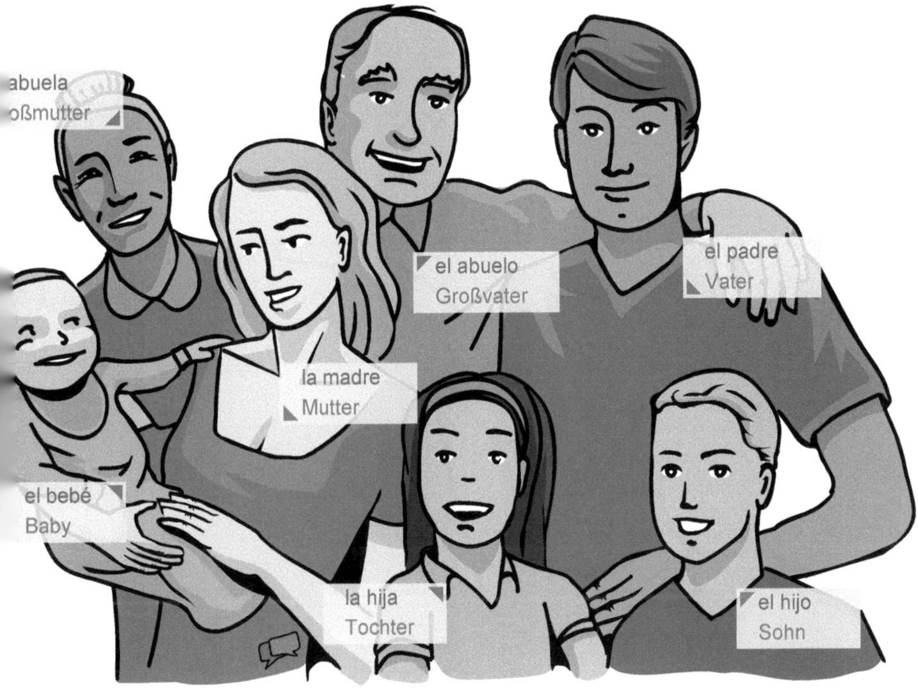
abuela
oßmutter
el abuelo
Großvater
el padre
Vater
la madre
Mutter
el bebé
Baby
la hija
Tochter
el hijo
Sohn

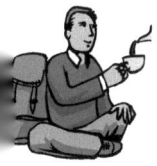

el invitado

Gast

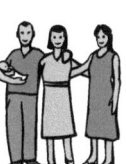

la tía

Tante

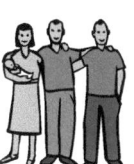

el tío

Onkel

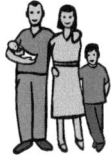

el hermano

Bruder

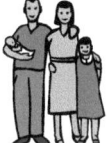

la hermana

Schwester

el cuerpo
Körper

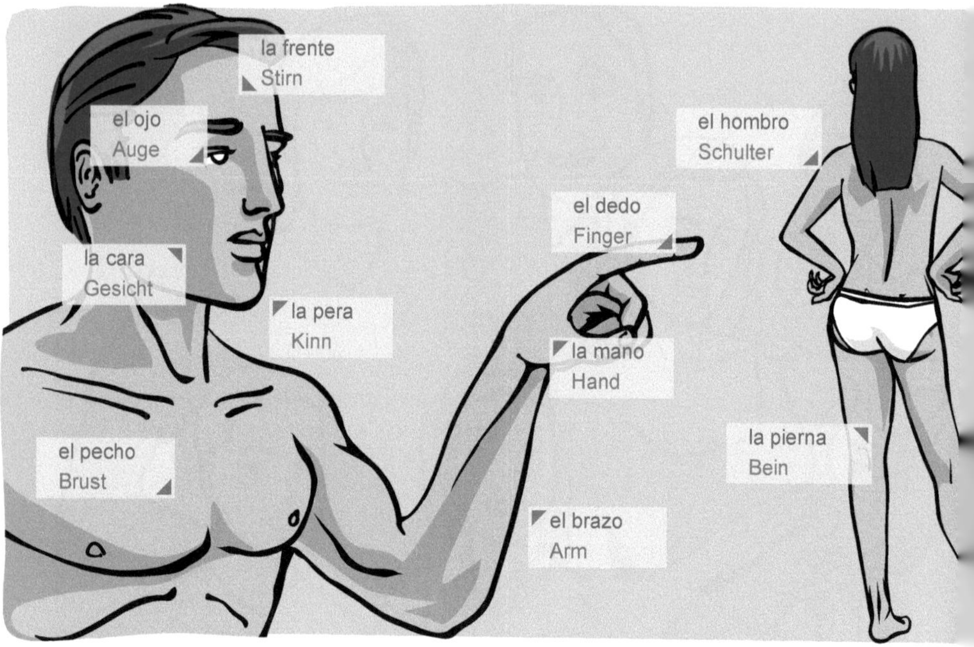
la frente
Stirn
el ojo
Auge
el hombro
Schulter
el dedo
Finger
la cara
Gesicht
la pera
Kinn
la mano
Hand
la pierna
Bein
el pecho
Brust
el brazo
Arm

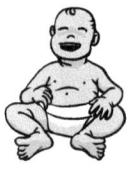

el bebé

Baby

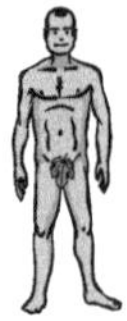

el hombre

Mann

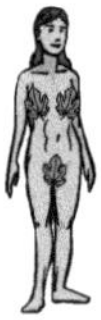

la mujer

Frau

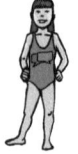

la nena

Mädchen

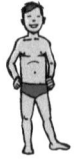

el nene

Junge

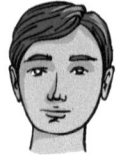

la cabeza

Kopf

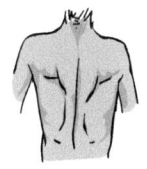

la espalda

Rücken

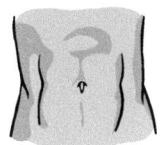

la panza

Bauch

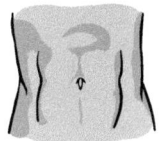

el ombligo

Nabel

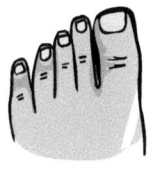

el dedo del pie

Zeh

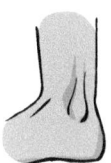

el talón

Ferse

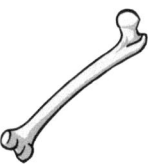

el hueso

Knochen

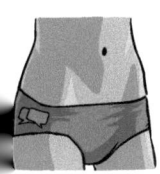

la cadera

Hüfte

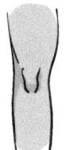

la rodilla

Knie

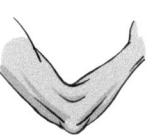

el codo

Ellenbogen

la nariz

Nase

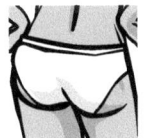

la cola

Gesäß

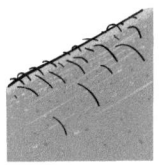

la piel

Haut

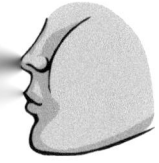

el cachete

Wange

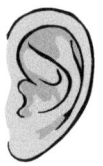

la oreja

Ohr

el labio

Lippe

la boca

Mund

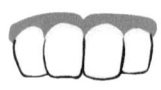

el diente

Zahn

la lengua

Zunge

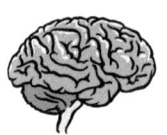

el cerebro

Gehirn

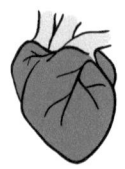

el corazón

Herz

el músculo

Muskel

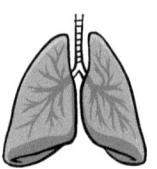

el pulmón

Lunge

el hígado

Leber

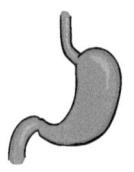

el estómago

Magen

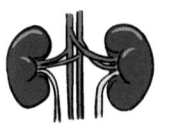

los riñones

Nieren

el sexo

Geschlechtsverkehr

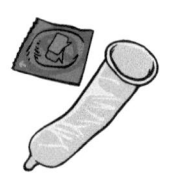

el preservativo

Kondom

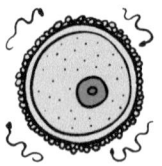

el óvulo

Eizelle

el semen

Sperma

el embarazo

Schwangerschaft

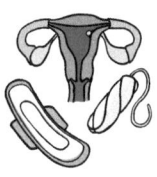

la menstruación

Menstruation

la vagina

Vagina

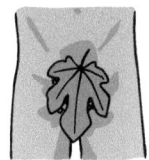

el pene

Penis

la ceja

Augenbraue

el pelo

Haar

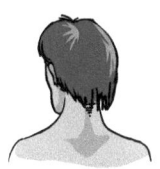

el cuello

Hals

el hospital
Krankenhaus

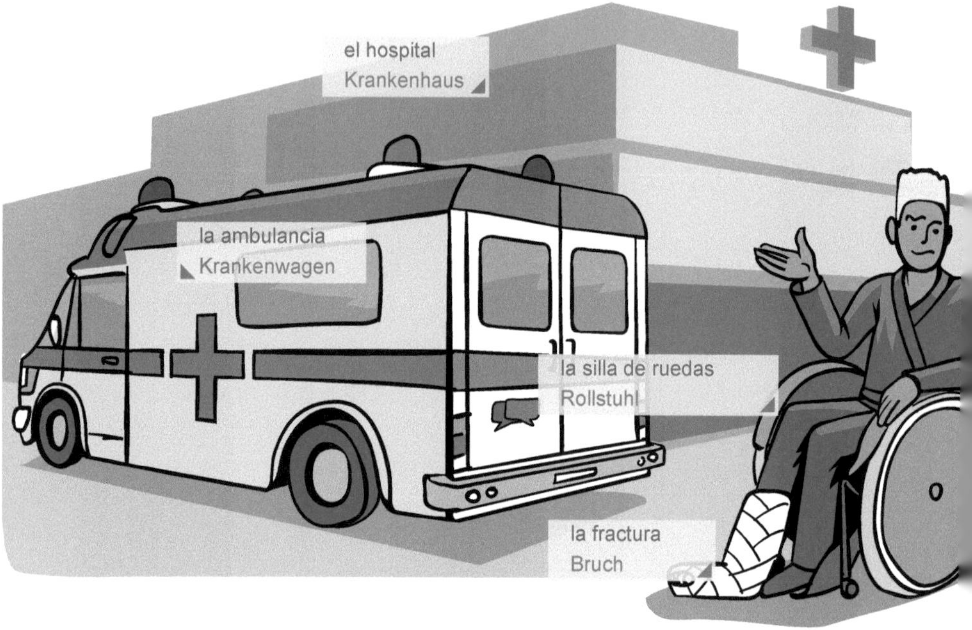

el hospital
Krankenhaus
la ambulancia
Krankenwagen
la silla de ruedas
Rollstuhl
la fractura
Bruch

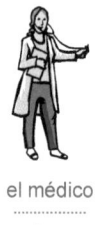

el médico
Arzt

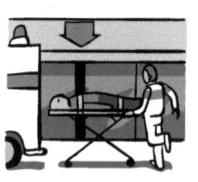

la sala de guardia
Notaufnahme

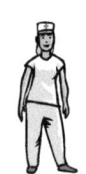

la enfermera
Krankenschwester

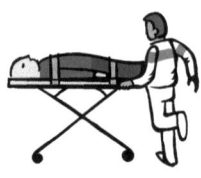

la emergencia
Notfall

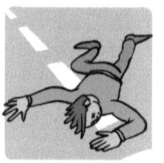

inconsciente
ohnmächtig

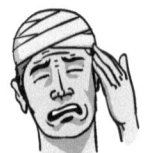

el dolor
Schmerz

la lesión

Verletzung

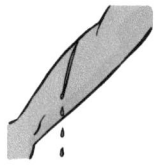

la hemorragia

Blutung

el infarto

Herzinfarkt

el ACV

Schlaganfall

la alergia

Allergie

la tos

Husten

la fiebre

Fieber

la gripe

Grippe

la diarrea

Durchfall

dolor de cabeza

Kopfschmerzen

el cáncer

Krebs

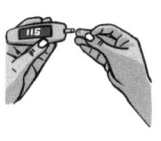

la diabetes

Diabetis

el cirujano

Chirurg

el bisturí

Skalpell

la operación

Operation

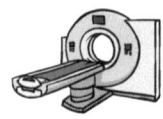

la TC

CT

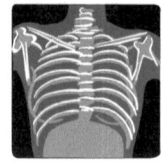

los rayos x

Röntgen

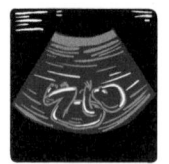

la ecografía

Ultraschall

el barbijo

Maske

la enfermedad

Krankheit

la sala de espera

Wartezimmer

la muleta

Krücke

la curita

Pflaster

la venda

Verband

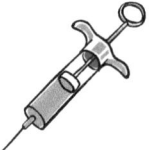

la inyección

Injektion

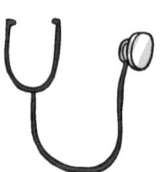

el estetoscopio

Stethoskop

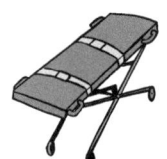

la camilla

Trage

el termómetro

Thermometer

el nacimiento

Geburt

el sobrepeso

Übergewicht

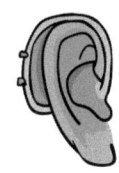

el audífono

Hörgerät

el desinfectante

Desinfektionsmittel

la infección

Infektion

el virus

Virus

el VIH / SIDA

HIV / AIDS

el remedio

Medizin

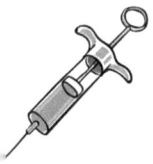

la vacunación

Impfung

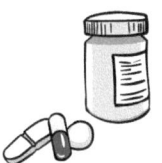

los comprimidos

Tabletten

la pastilla anticonceptiva

Pille

nada de emergencia

Notruf

el tensiómetro

Blutdruck-Messgerät

enfermo / sano

krank / gesund

¡Ayuda!

Hilfe!

la alarma

Alarm

la agresión

Überfall

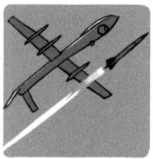

el ataque

Angriff

el peligro

Gefahr

la salida de emergencia

Notausgang

¡Fuego!

Feuer!

el matafuego

Feuerlöscher

el accidente

Unfall

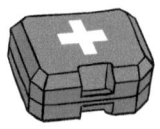

el botiquín de primeros auxilios

Erste-Hilfe-Koffer

el SOS

SOS

la policía

Polizei

Europa

Europa

América del Norte

Nordamerika

América del Sur

Südamerika

África

Afrika

Asia

Asien

Australia

Australien

el Atlántico

Atlantik

el Pacífico

Pazifik

el Océano Índico

Indischer Ozean

Océano Antártico

tarktischer Ozean

el Océano Ártico

Arktischer Ozean

el polo norte

Nordpol

el polo sur

Südpol

la Antártida

Antarktis

la Tierra

Erde

la tierra

Land

el mar

Meer

la isla

Insel

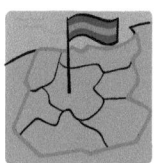

la nación

Nation

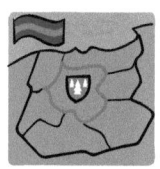

el estado

Staat

la esfera

Zifferblatt

la manecilla de las horas

Stundenzeiger

el minutero

Minutenzeiger

el segundero

Sekundenzeiger

¿Qué hora es?

Wie spät ist es?

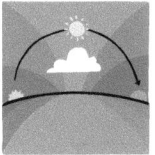

el día

Tag

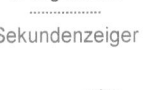

la hora

Zeit

ahora

jetzt

el reloj digital

Digitaluhr

el minuto

Minute

la hora

Stunde

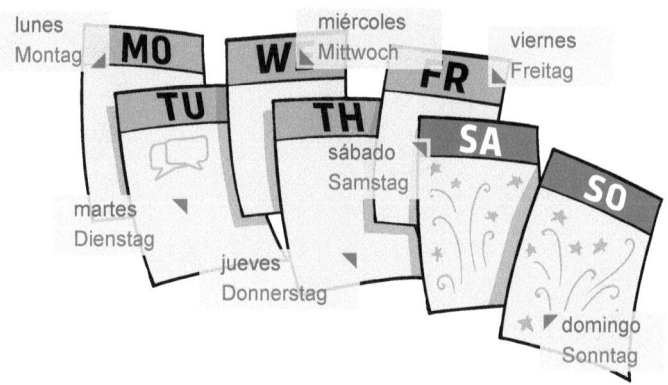

lunes
Montag

miércoles
Mittwoch

viernes
Freitag

martes
Dienstag

jueves
Donnerstag

sábado
Samstag

domingo
Sonntag

ayer
gestern

hoy
heute

mañana
morgen

la mañana
Morgen

el mediodía
Mittag

la tarde
Abend

los días hábiles
Arbeitstage

el fin de semana
Wochenende

la lluvia
Regen

el arco iris
Regenbogen

la nieve
Schnee

el viento
Wind

la primavera
Frühling

el otoño
Herbst

el verano
Sommer

el invierno
Winter

4.APRIL	11°	☀
5.APRIL	4°	
6.APRIL	13°	
7.APRIL	8°	☀
8.APRIL	10°	☀

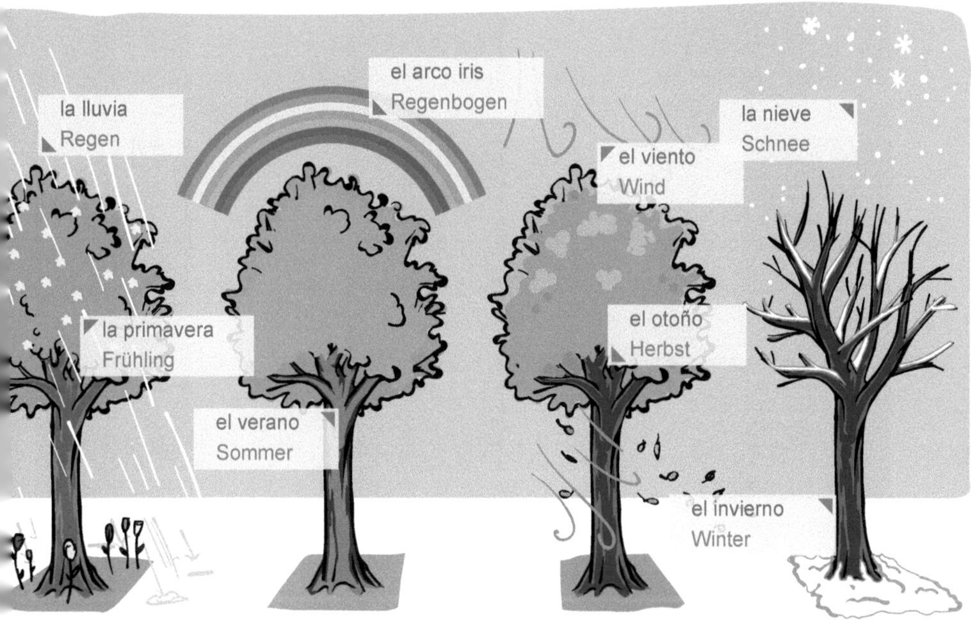

…óstico meteorológico

…ettervorhersage

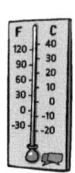

el termómetro

Thermometer

la luz del sol

Sonnenschein

la nube

Wolke

la niebla

Nebel

la humedad

Luftfeuchtigkeit

el rayo

Blitz

el trueno

Donner

la tormenta

Sturm

el granizo

Hagel

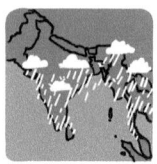

el monzón

Monsun

la inundación

Flut

el hielo

Eis

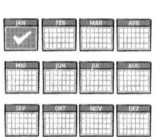

enero

Januar

febrero

Februar

marzo

März

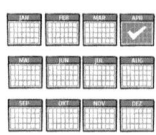

abril

April

mayo

Mai

junio

Juni

julio

Juli

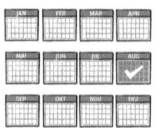

agosto

August

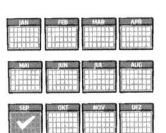

septiembre
....
September

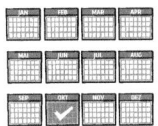

octubre
....
Oktober

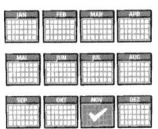

noviembre
....
November

diciembre
....
Dezember

el círculo
....
Kreis

el cuadrado
....
Quadrat

el rectángulo
....
Rechteck

el triángulo
....
Dreieck

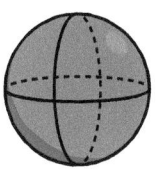

la esfera
....
Kugel

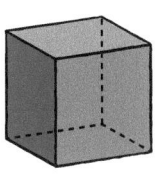

el cubo
....
Würfel

blanco

weiß

amarillo

gelb

naranja

orange

rosa

pink

rojo

rot

violeta

lila

azul

blau

verde

grün

marrón

braun

gris

grau

negro

schwarz

mucho / poco

viel / wenig

enojado / tranquilo

wütend / friedlich

lindo / feo

hübsch / hässlich

l principio / el fin

Anfang / Ende

grande / chico

groß / klein

claro / oscuro

hell / dunkel

rmano / la hermana

uder / Schwester

limpio / sucio

sauber / schmutzig

completo / incompleto

vollständig / unvollständig

l día / la noche

Tag / Nacht

muerto / vivo

tot / lebendig

ancho / angosto

breit / schmal

comestible / no comestible

genießbar / ungenießbar

malo / amable

böse / freundlich

entusiasmado / aburrido

aufgeregt / gelangweilt

gordo / flaco

dick / dünn

primero / último

zuerst / zuletzt

el amigo / el enemigo

Freund / Feind

lleno / vacío

voll / leer

duro / blando

hart / weich

pesado / liviano

schwer / leicht

el hambre / la sed

Hunger / Durst

enfermo / sano

krank / gesund

ilegal / legal

illegal / legal

inteligente / estúpido

intelligent / dumm

izquierda / derecha

links / rechts

cerca / lejos

nah / fern

nuevo / usado

neu / gebraucht

nada / algo

nichts / etwas

viejo / joven

alt / jung

cendido / apagado

an / aus

abierto / cerrado

offen / geschlossen

silencioso / ruidoso

leise / laut

rico / pobre

reich / arm

correcto / incorrecto

richtig / falsch

áspero / suave

rau / glatt

triste / contento

aurig / glücklich

corto / largo

kurz / lang

lento / rápido

langsam / schnell

mojado / seco

nass / trocken

caliente / frío

warm / kühl

guerra / paz

Krieg / Frieden

los opuestos - Gegenteile

0

cero

null

1

uno

eins

2

dos

zwei

3

tres

drei

4

cuatro

vier

5

cinco

fünf

6

seis

sechs

7

siete

sieben

8

ocho

acht

9

nueve

neun

10

diez

zehn

11

once

elf

12

doce
....
zwölf

13

trece
....
dreizehn

14

catorce
....
vierzehn

15

quince
....
fünfzehn

16

dieciséis
....
sechzehn

17

diecisiete
....
siebzehn

18

dieciocho
....
achtzehn

19

diecinueve
....
neunzehn

20

veinte
....
zwanzig

100

cien
....
hundert

1.000

mil
....
tausend

1.000.000

el millón
....
million

los números - Zahlen

el inglés

Englisch

el inglés americano

Amerikanisches Englisch

el chino mandarín

Chinesisch Mandarin

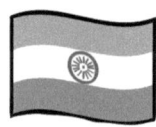

el hindi

Hindi

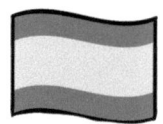

el español

Spanisch

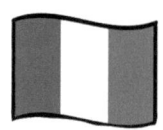

el francés

Französisch

el árabe

Arabisch

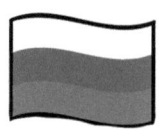

el ruso

Russisch

el portugués

Portugiesisch

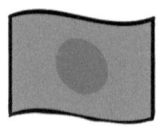

el bengalí

Bengalisch

el alemán

Deutsch

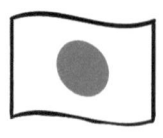

el japonés

Japanisch

yo

ich

vos

du

él / ella

er / sie / es

nosotros

wir

ustedes

ihr

ellos

sie

¿quién?

wer?

¿qué?

was?

¿cómo?

wie?

¿dónde?

wo?

¿cuándo?

wann?

el nombre

Name

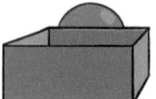

detrás

hinter

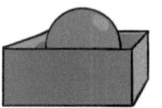

en

in

adelante de

vor

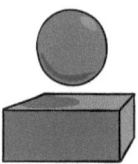

por encima de

über

sobre

auf

debajo de

unter

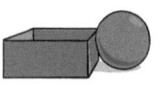

al lado de

neben

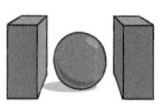

entre

zwischen

el lugar

Ort